LES
MENSONGES & LA VÉRITÉ

A PROPOS DES

PROCHAINES ÉLECTIONS

PAR

E. BENEZET

---

1 Exempl. : **0 fr. 15** c. — 12 Exempl. : **1 fr. 50** c.
100 Exempl. : **1 fr.**

Le Port devra être payé en sus à raison de 2 cent. par exempl.

TOULOUSE
AUX BUREAUX DE L'*ÉCHO DE LA PROVINCE*
28, rue de la Pomme, 28
—
1871

LES

MENSONGES ET LA VÉRITÉ

A PROPOS DES

PROCHAINES ÉLECTIONS

En considérant la mission toute pacifique des conseils généraux et le caractère exclusivement local que la loi attribue à ces assemblées, il semble que les partis devraient s'effacer, ou mieux, qu'ils devraient tous s'entendre pour y faire arriver les plus honnêtes gens sans distinction d'opinion. Il n'en sera pas ainsi cette année, et les élections qui vont avoir lieu le 8 du mois prochain seront essentiellement politiques. Ainsi le veulent les révolutionnaires qui tendent à tout absorber et à imprégner de leurs idées subversives les plus sages institutions du pays ; ainsi l'a voulu le président de la république qui, dans son message, a imprudemment posé devant les électeurs, la grande question : république ou monarchie.

Il faut donc s'attendre à une lutte ardente et passionnée dans ce champ clos où tous les partis ont été convoqués. Nos amis s'y trouveront sans doute. Seuls représentants de l'esprit français, seuls vraiment patriotes, seuls dépositaires des principes qui peuvent tout sauver et tout réparer, ils ne sauraient se dispenser de s'offrir aux suffrages des électeurs. Nous verrons se renouveler alors les manœuvres qu'on emploie sans cesse contre eux ; nous verrons semer partout, dans les campagnes, le mensonge et la calomnie. On dénaturera leurs opinions. On leur attribuera des pensées et des intentions qui ne sont jamais entrées dans leur esprit. On fera courir de nouveau ces bruits absurdes qui ont si bien servi la cause de la révolution dans les élections du mois de juillet, et qui furent accueillis avec d'autant plus de faveur par la crédulité des masses, qu'ils étaient plus extravagants et répondaient aux plus basses passions du cœur humain. Nous entendrons redire partout que le clergé veut rétablir la dîme et les nobles, les droits féodaux.

Les auteurs et les principaux propagateurs de ces bruits savent très bien qu'ils mentent, que les projets attribués aux candidats royalistes sont impossibles et qu'aucun d'entre eux n'a jamais songé à faire revivre de pareilles institutions ; mais ils n'ont pas d'autres moyens pour faire triompher leur cause et ils n'hésitent pas. Le succès couvre tout, le succès justifie tout.

Que faire en présence d'adversaires si déloyaux ? Nous n'avons qu'une arme à notre disposition, la vérité. Ne la laissons pas rouiller dans nos mains. Au mensonge obstiné opposons obstinément la vérité ; mais ne nous bornons pas à la défensive. Ils cherchent à nous accabler sous le poids de leurs mensonges effrontés ; accablons-les hardiment sous le poids de faits patents, irrécusables et qui défient toute contestation. Il faut que tout le monde sache ce que c'est que la révolution et tout ce qu'elle a fait de mal à la France.

LA DÉFENSE

Il y a eu des abus dans l'ancien régime ; qui songe à le nier ? Quel est d'ailleurs le régime qui n'a pas eu ses abus ? Quelle est la chose, quelle est l'institution dont les hommes n'aient pas abusé ? Ils ont abusé de la religion, ils ont abusé de la force, ils ont abusé de la liberté, de la liberté surtout.

Oui, il y a eu des abus; mais ce qui est vrai aussi, c'est que les rois ont tout fait pour les détruire et qu'ils se sont montrés en tout temps les zélés défenseurs des peuples.

Ce sont les rois qui ont affranchi les communes, qui ont arraché les populations à la juridiction trop souvent partiale des seigneurs, ce sont eux qui ont tué la féodalité.

Ce qui est vrai encore, c'est que le bon roi Louis XVI, le seul homme peut-être qui aimât vraiment le peuple, en un temps où tant d'ambitieux et de pervers se posaient en défenseurs du peuple, qu'ils exploitaient ; c'est que Louis XVI avait mis la main à l'œuvre pour la destruction de tous les abus, qu'il avait aboli la torture, fait disparaître les dernières traces de servage, et qu'il aurait complété toutes les réformes vraiment utiles et justes sans secousse, sans trouble, si la révolution n'avait arrêté son œuvre réparatrice et ne s'était emparée de la France pour l'exploiter, la ravager, la souiller de sang et de boue.

Savez-vous bien d'ailleurs qui abolit la dîme et les droits seigneuriaux en 1789 ? Ce furent les députés de la noblesse et du clergé à l'Assemblée constituante.

Dans la nuit du 4 août, on les vit, saisis d'un incroyable enthousiasme, monter à la tribune, y déposer tous leurs titres, renoncer pour eux et pour tous leurs commettants aux priviléges dont les deux ordres jouissaient depuis dix siècles et abolir eux-mêmes, dans un moment de générosité rare, les dîmes, les corvées, les redevances, les droits les plus solidement établis et qu'un si long usage semblait avoir consacrés pour toujours.

Ce sacrifice immense, ils l'accomplirent loyalement, spontanément, sans y être même provoqués, dans l'unique but de donner un gage de dévouement à la patrie et de poser les bases d'une réconciliation sincère entre tous les citoyens, et il ne tint pas à eux que la plus grande des révolutions ne s'accomplît de la façon la plus pacifique ; mais ce n'était pas le compte des conspirateurs. Les abus de l'ancien régime n'étaient pour eux qu'un prétexte. Ils visaient plus haut, ils avaient résolu la destruction de la monarchie et de la religion, fallût-il inonder la France de sang.

On dira, peut-être, que la noblesse et le clergé regrettèrent plus tard les sacrifices qu'ils avaient faits inconsidérément en une nuit d'ivresse patriotique. Une occasion, une occasion unique s'est présentée, dans laquelle les nobles et les prêtres auraient pu être tentés de reprendre violemment les priviléges qu'ils avaient abandonnés. Nous allons voir comment ils se conduisirent en cette circonstance.

En 1815, quand le roi de France fut rappelé sur le trône de ses ancêtres par le vœu de la nation entière, avec un enthousiasme dont ne peuvent avoir une idée ceux qui n'en ont pas été lés témoins, on vit une Chambre toute composée de royalistes, et que Louis XVIII appela, pour ce motif, la Chambre introuvable.

Si les nobles et le clergé avaient pu concevoir l'idée de rétablir les droits seigneuriaux et la dîme, c'était le moment de tenter l'entreprise. Il n'y avait que 25 ans que ces priviléges avaient cessé ; il semblait que le rétablissement de la vieille royauté française dût ou pût, du moins, entraîner celui des institutions qui avaient sombré avec elle ; et les royalistes étaient en force dans les deux Chambres.

Oui, c'était le moment ou jamais de frapper ce grand coup. Qui le demanda ? Qui le proposa ? Personne. On peut même affirmer que personne n'y songea ; et si, dix ans plus tard, Charles X accorda aux émigrés une indemnité pour les biens dont ils avaient été iniquement dépouillés, c'était moins pour réparer l'injustice commise que pour légitimer la possession des acquéreurs de biens nationaux.

Savez-vous ce que proposèrent les royalistes en 1815 ?

La révolution avait placé les communes et les départements sous le joug de la centralisation la plus écrasante. Les royalistes demandèrent que les populations fussent affranchise de cette tyrannie.

La charte octroyée par Louis XVIII et qui lui avait été inspirée par les révolutionnaires, fixait à cent écus le cens électoral ; c'est-à-dire que pour être électeur, il fallait payer cent écus de contributions directes. Les royalistes demandèrent que le cens fût aboli ou qu'il fût, du moins, abaissé à un chiffre insignifiant, afin que le peuple pût prendre part aux affaires publiques.

Qui s'opposa à cette double réforme, dont le peuple devait seul profiter? Ceux qu'on nommait alors les libéraux, c'est-à-dire les révolutionnaires de toutes les nuances, coalisés pour détourner la monarchie de sa mission d'ordre et de liberté et dont la plupart feignirent de s'associer au mouvement royaliste pour le dénaturer et le faire avorter, commençant, dès lors, cette ignoble comédie de quinze ans dont la révolution de 1830 a été le dénouement.

Depuis cette époque, les royalistes n'ont cessé de réclamer pendant quarante ans, à la tribune et dans la presse, la décentralisation et le suffrage universel; et vous voulez que ces hommes,

les petits-fils de ceux qui renoncèrent à tous
leurs priviléges en 1789, les fils de ceux qui ac-
ceptèrent les libertés nouvelles en 1815 et vou-
lurent les compléter par l'affranchissement des
communes et des provinces et par l'abolition
du cens électoral; vous voulez que ces hommes
qui, par leurs efforts, ont conquis à la France
le suffrage universel et une partie des libertés
locales, vous voulez, dis-je, qu'ils se mettent
aujourd'hui en tête de rétablir les droits féodaux, dont l'abolition est trois fois couverte par
la prescription, et qui n'apparaissent à leur
esprit que comme une vieille légende?

Ils ne savent pas s'ils pourront sauver les
institutions sociales les plus nécessaires ; ils ne
savent pas s'ils pourront sauver leurs droits les
plus incontestables d'hommes et de citoyens ;
ils ne savent pas s'ils pourront sauver leurs
propriétés territoriales de la griffe des parta-
geux, leurs meubles du pillage, leurs maisons
du pétrole et leurs têtes des balles commu-
neuses ; et vous voulez qu'ils songent à rétablir

la dîme et les droits féodaux ! Mais vous les supposez fous, absolument fous !

Allons plus loin. Quels sont donc ces royalistes qu'on repousse, sous prétexte qu'ils rétabliraient la dîme et les droits seigneuriaux ? Sont-ils tous intéressés au rétablissement de ces droits ? Sont-ils tous prêtres ou nobles ? Tant s'en faut. Ceux-ci sont en minorité, en infime minorité.

Et d'abord, le clergé est-il royaliste ? Un certain nombre de prêtres sont restés fidèles aux vieilles traditions nationales et ont gardé leur affection pour le descendant des rois de France; mais le corps, dans son ensemble, s'est désintéressé depuis longtemps des grandes questions politiques et a fait profession d'être soumis, dévoué même à tous les gouvernements de fait qui se sont succédés, à la seule condition qu'ils ne porteraient pas atteinte à la liberté du saint ministère. Je n'ai ici ni à louer, ni à blâmer cette pratique. Je dois me borner et je me borne à constater le fait.

Quant aux nobles, on les trouve dans tous les camps : dans celui de l'orléanisme, dans celui du bonapartisme, et dans les phalanges de la république. Quelques-uns même sont allés jusqu'aux extrémités du radicalisme, tels que d'Alton-Shée et le comte de Rochefort. Ceux qui sont restés attachés à la légitimité sont le petit nombre.

—

Où donc sont les légitimistes? Partout : Dans le clergé, dans la noblesse, dans la bourgeoisie et dans le peuple ; à la ville et à la campagne ; parmi les propriétaires et les industriels, parmi les artisans et les laboureurs.

Etre légitimiste, c'est croire au principe d'autorité : à l'autorité divine d'abord, qui a déterminé les conditions essentielles de toute société humaine ; ensuite à l'autorité de la loi nationale, œuvre du temps et de la Providence, que les générations ont acceptée pendant dix siècles et qui a fait la France grande, noble, fière et heureuse entre toutes les nations. Et non-seulement le légitimiste croit à l'autorité de la loi nationale, mais il l'accepte avec amour, parce qu'en réglant l'ordre de succession au pouvoir, elle peut donner au pays la sécurité dont il a besoin, le garantir des agitations du dedans et assurer son indépendance contre les ennemis du dehors. Il l'accepte parce qu'elle peut, non-seulement faire régner l'ordre dans l'Etat, mais encore protéger la liberté et assurer à tous la jouissance de leurs droits. Il l'accepte parce qu'elle a créé et conservé, pendant tout le temps qu'elle a été en vigueur, une tradition de loyauté, de franchise, de justice, de probité et de bonnes mœurs, qui liait les hommes au bien et opposait une puissante barrière à la dépravation des âmes et à l'avilissement des caractères.

Il n'est donc pas nécessaire d'être d'origine aristocratique pour être légitimiste, et tout homme issu d'un sang aristocratique n'est point pour cela légitimiste ; mais tout homme qui veut l'ordre et une liberté sagement déterminée ; tout homme qui croit en Dieu et accepte sa loi ; tout homme qui aime réellement la France et qui est capable de lui sacrifier ses intérêts, son repos et sa vie ; tout homme qui déteste également le despotisme et l'anarchie, la violence et la fraude ; tout homme que ne ronge ni l'envie ni la haine, que ne dévorent pas des cupidités illégitimes, et, pour tout dire en un mot, tout Français homme de bien a des affinités plus ou moins puissantes avec le parti légitimiste, et, s'il n'en est pas en ce moment, il en sera un jour, car il n'en est séparé que par des préjugés qui doivent fatalement tomber devant les leçons de l'expérience.

———

Le parti légitimiste est appelé encore un parti, parce que ceux qui adhèrent ostensiblement à ses principes ne forment pas la majorité ; mais il est, il a été toujours l'âme de la France, car ses principes et ses aspirations vivent à l'état latent dans toutes les âmes, comme l'éclair vit dans le caillou d'où le fait jaillir le choc de l'acier. Un jour, — et ce jour n'est peut-être pas loin, — ce parti sera toute la France.

Le parti légitimiste est puissant, beaucoup plus puissant que ne le croient ceux qui le redoutent le plus ; mais il n'est puissant que pour le bien ; il n'est puissant que pour ramener les idées d'ordre, de justice, de devoir, et avec ces idées le calme, le travail productif et la prospérité ; il n'est puissant que pour refaire la France que la révolution a déchirée, abaissée, démantelée. Le parti légitimiste est puissant par son dévouement à la cause publique, par son désintéressement, par cette abnégation dont il fait preuve depuis quarante ans. Le jour où il oublierait les grands intérêts de la France pour ne songer qu'à lui, le jour où il cesserait de se préoccuper des institutions qui peuvent sauver la France et lui rendre sa force et sa grandeur pour faire revivre des priviléges morts depuis un siècle et que rien ne saurait justifier aujourd'hui, ce jour-là, le parti légitimiste perdrait sa force, son avenir ; il cesserait d'exister à jamais.

———

Les royalistes savent cela et ne peuvent pas l'ignorer.

Ils savent aussi qu'ils rencontreraient pour une telle entreprise, s'ils avaient la folie d'y songer, deux obstacles insurmontables : le roi et le suffrage universel.

Tout le monde ne connaît pas le comte de Chambord, l'héritier de nos rois ; mais les royalistes le connaissent. Il leur a dit et répété souvent qu'il ne voulait pas être le roi d'un parti, mais le roi de toute la France. Il leur a dit qu'il était de son temps, qu'il l'acceptait dans tout ce qu'il a de grand et d'utile ; qu'il ne voulait garder du passé que les principes qui furent la base de la force et de la gloire de la Franec.

Il disait dernièrement aux Français : « Dieu ai-
» dant, nous fonderons ensemble et quand
» vous le voudrez, sur les larges assises de la
» décentralisation administrative et des fran-
» chises locales, un gouvernement *conforme*
» *aux besoins réels du pays.* »

Il ajoutait :

« Nous donnerons pour garantie à ces liber-
» tés publiques *auxquelles tout peuple chré-*
» *tien a droit,* le suffrage universel honnête-
» ment pratiqué et le contrôle des deux cham-
» bres, et nous *reprendrons,* en lui restituant
» son caractère véritable, *le mouvement na-*
» *tional de la fin du dernier siècle.* »

Les royalistes peuvent-ils croire qu'un tel
roi, oubliant sa parole, oubliant ses devoirs,
oubliant ses propres intérêts, qui sont in-
séparables des intérêts de la France, leur per-
mettrait de compromettre le repos du pays et
l'existence de la monarchie pour rétablir
des priviléges que la nation entière repousse
et condamne ?

Les royalistes peuvent-ils croire que le suffrage universel qu'ils ont tant contribué à fon-
der, que le roi lui-même donne pour garantie aux
libertés publiques et sans lequel rien ne se fera
désormais, peuvent-ils croire, dis-je, que le
suffrage universel serait favorable au rétablissement de la dîme et des droits féodaux ? Allons
donc !

Il faudrait les supposer aussi dépourvus d'intelligence que de loyauté. Il n'en est rien et
ceux qui leur attribuent de telles pensées le savent aussi bien que nous ; ils mentent de propos délibéré, comme je l'ai déjà dit, parce qu'ils
ne peuvent rien sans le mensonge.

L'ATTAQUE

Je crois avoir démontré l'absurdité des ca-
lomnies dirigées contre le parti légitimiste dans
le but de le discréditer auprès des électeurs.
Cela ne suffit pas : il faut que le peuple sache ce

qu'il doit à la révolution ; il faut qu'il sache qu'au lieu de l'affranchir, comme on le lui fait croire, la révolution n'a fait que l'exploiter ; qu'elle lui a pris son argent, ses enfants et ce qui était plus précieux encore : ses mœurs.

Je serai bref, mais précis.

—

Sous la Restauration, quand les rois légitimes étaient sur le trône et les royalistes au pouvoir, les contributions directes et indirectes n'atteignirent jamais le chiffre de un milliard.

Après la chute de Charles X, les libéraux qui n'avaient cessé de s'élever contre les charges imposées aux contribuables et de demander un gouvernement à bon marché, arrivèrent naturellement au pouvoir. Aussitôt les contributions annuelles furent élevées au chiffre de un milliard 400 millions et elles ont été augmentées depuis à chaque changement de gouvernement. On paya un milliard 500 millions sous la république et deux milliards 300 millions sous l'empire.

Aujourd'hui on parle de 3 milliards et tout porte à croire que cette somme sera dépassée, de telle sorte qu'après 41 ans de révolutions le chiffre des contributions aura plus que triplé.

A la fin de la Restauration, la France ne devait que trois milliards et demi, et chaque année le gouvernement éteignait une partie de la dette publique, au moyen d'une caisse dite d'amortissement où l'on versait les excédants des recettes. Cette caisse avait déjà allégé notre dette de 800 millions et, si ce gouvernement eût existé encore quelques années, la France aurait été complétement déchargée du poids de sa dette.

Tous les gouvernements qui ont succédé à la Restauration se sont, au contraire, appliqués à augmenter les dettes de l'Etat.

Aujourd'hui, après ces augmentations successives et les désastres de la dernière guerre, la dette publique dépasse vingt milliards, pour lesquels nous devons payer une rente annuelle de douze cents millions.

Par de sages mesures, le gouvernement de la Restauration avait fait baisser, au profit de tous, le taux de l'intérêt; et l'Etat pouvait emprunter sans difficulté à 4 et demi pour cent. Aujourd'hui il n'emprunte pas au-dessous de 6 pour cent et il s'est fait des emprunts à des conditions plus onéreuses encore.

—

La révolution a fait au peuple un mal plus grand encore. Elle a développé dans les âmes une cupidité qui bientôt n'a plus connu de bornes et n'a reculé devant aucun moyen. Nous avons vu des industriels exploiter à merci les travailleurs et provoquer un fatal antagonisme entre les ouvriers et les patrons, antagonisme que la loi sur les grèves n'a fait qu'irriter et qui finira tôt ou tard par la guerre civile et la ruine de l'industrie française.

Sous l'empire, l'agiotage s'est développé d'une façon scandaleuse. Nous avons vu, non sans rougir, des gens de rien faire des fortunes colossales par des moyens que la probité réprouve, et devenir, par un coup de bourse, vingt ou trente fois millionnaires du jour au lendemain. Et tous ces gens-là, qu'on aurait dû envoyer aux galères, étaient comblés de faveurs et d'honneurs de toute sorte.

On a fait mieux pendant la dernière guerre. Une enquête dont les résultats viennent d'être publiés a révélé des marchés frauduleux et des malversations criantes. Après nos premiers désastres, le gouvernement impérial, qui pouvait acheter des armes directement aux fabricants anglais et américains, les achetait à des spéculateurs de toute espèce qui n'avaient pas un seul fusil, une seule cartouche à leur disposition et qui n'avaient qu'à prendre les armes où elles étaient et à les remettre au gouvernement, pour réaliser, à coup sûr, un bénéfice net de 20 ou 30 0|0. Or, ces marchés usuraires ont été continués sous le gouvernement du 4 septembre, de telle sorte que des spéculateurs sans argent et sans crédit ont gagné des millions aux dépens de l'Etat.

Sous ce dernier régime le scandale a grandi. Les fournitures de l'armée ont été concédées par privilége à des hommes qui n'offraient souvent aucune garantie matérielle ni morale. Certains entrepreneurs de cette espèce ont donné à nos soldats des chaussures qui tombaient en un seul jour de marche, des vêtements qui étaient hors d'usage après huit ou quinze jours de service ; et, tandis que les soldats prussiens, bien chaussés, bien vêtus, bien nourris, supportaient toutes les intempéries d'une saison exceptionnellement rigoureuse, les nôtres mouraient de faim et de froid sur toutes les routes. Aussi l'armée de Bourbaki, forte de 80,000 hommes, fut-elle obligée de battre en retraite et de se réfugier sur le territoire suisse, parce que les fournisseurs l'avaient laissée quatre ou cinq jours sans subsistances.

Et ces tripotages durèrent jusqu'au dernier jour. Après la capitulation de Paris, quand il fallut ravitailler cette ville malheureuse, le ministre traita pour cette opération avec des spéculateurs sans conscience et à des prix fabuleux. Il a été question d'une fourniture de pommes de terre pour 14 ou 15 millions, et sur laquelle l'Etat perdit plus de cent pour cent.

Or, qui a supporté l'aggravation des charges publiques? Qui a enrichi les industriels, les gens de finance, les spéculateurs de toutes sortes? Qui a payé les millions volés à l'Etat? Le peuple, les travailleurs de la campagne et des villes ; car on a beau faire : tout vient du travail. La science a contribué sans doute, pour sa part, à l'augmentation des revenus de la France ; mais la meilleure part est due aux bras du travailleur.

Et, quand nous parlons ainsi, on ne peut pas nous soupçonner de vouloir, comme les sectaires du socialisme, réveiller la colère du peuple et l'entraîner à des révoltes insensées.

Quand nous disons au peuple : « La révolution a bu ton sang et s'est engraissée de tes sueurs, » nous ne l'engageons pas à s'enfoncer davantage dans le bourbier révolutionnaire ; mais nous l'invitons à sortir de cette ornière fatale en nous aidant à rétablir un gouvernement régulier, honnête, juste, qui puisse, qui sache, et veuille alléger les charges qui l'accablent, mettre un frein aux cupidités qui l'exploitent et punir les voleurs qui le *grugent* en le flattant.

—

Avant 1789, les armées se recrutaient au moyen d'engagements volontaires. La révolution a créé ce qu'on a justement nommé l'impôt du sang ; elle a inventé et imposé la conscription qui enlève régulièrement aux familles et au travail les jeunes gens les plus vigoureux pour le service militaire. Elle a été plus loin. Par le système des remplacements, elle a fait tomber cet impôt du sang sur le peuple seul.

La Restauration eut le tort ou le malheur de conserver la conscription, mais elle en adoucit les rigueurs. On ne levait, sous ce régime, que quarante mille hommes par an, et avec la petite armée que fournissaient ces levées, Louis XVIII fit la campagne d'Espagne, Charles X délivra la Grèce du joug des Musulmans et conquit Alger.

Depuis cette époque, l'impôt du sang a plus que doublé. L'empire levait cent mille hommes tous les ans, et le gouvernement républicain de la défense nationale procéda à une sorte de levée en masse ; et tous ces rassemblements d'hommes, toute cette dépense de sang français ont abouti à la perte de trois départements des plus populeux et des plus riches, à l'humiliation de la France et à sa ruine.

Ainsi la Restauration, avec un budget de 900 et quelques millions, une armée de 200 mille hommes, avait laissé la France riche, paisible, aimée, honorée et respectée, non seulement en Europe, mais dans le monde entier. Aujourd'hui, après

des agitations sans nombre, après des insur-
rections sanglantes et atroces, après d'incalcu-
lables dépenses d'hommes et d'argent, elle est
appauvrie, amoindrie, méprisée de tous les peuples, en proie à l'agitation des partis et toujours
à la veille d'une guerre civile, dont la perspec-
tive saisit d'épouvante ceux qui lisent dans l'a-
venir.

La révolution a causé au peuple un dommage
beaucoup plus considérable encore par la dépravation dont elle a été la source.

La religion qui soutenait les forces morales
du travailleur, qui le consolait dans ses souf-
frances, qui lui faisait aimer jusqu'à sa pauvreté,
est aujourd'hui honnie et bafouée par les heu-
reux de ce monde et méconnue de ceux qui
avaient le plus besoin de son appui.

La corruption, qu'on dirait être arrivée à son
comble, augmente pourtant chaque jour.

L'ivrognerie fait des progrès alarmants, et
semble devenir l'état normal des classes popu-

laires dans les grandes villes. La prostitution s'étend comme une lèpre ignoble jusque dans les villages, et le nombre des naissances illégitimes s'accroît à tel point que, si rien ne vient arrêter cette progression, il surpassera en peu d'années celui des naissances légitimes.

Il a fallu agrandir les hôpitaux pour y recevoir les malheureux que les vices de toutes sortes y rassemblent de partout. Il a fallu construire des maisons de fous pour y séquestrer des milliers d'infortunés dont les passions ont égaré l'intelligence, et, quoique la justice soit devenue d'une indulgence excessive, il a fallu agrandir les prisons et en construire de nouvelles sur tous les points du territoire.

Voilà, en peu de mots, ce que le peuple doit à la révolution : qu'il réfléchisse et juge.

FIN

Imprimerie Mélanie DUPIN, rue de la Pomme, 28.

EN VENTE CHEZ DELBOY, LIBRAIRE

71, rue de la Pomme, 71

Le Roi, Lettres à M. Thiers, par E. BENEZET. 4ᵐᵉ édit. . . . . 1 fr.

La France, Nouvelles Lettres à M. Thiers, par LE MÊME, 1 fr. . . . . Poste, 1 fr. 15 c.

Place au roi de France, par M. Eugène REYNIS, 7ᵐᵉ édit. . . . . 1 fr.

Place au Droit national de la France, par G. VÉRAN. Vol. in-8°, 5ᵉ édit., 1 fr. Poste, 1 fr. 20 c.

La Proposition Dahirel et la Constitution française, brochure in-8°. 50 c. Poste, 65 c.

La Question du XIXᵉ siècle, par G. VÉRAN. Fort vol. in-8° de 780 pages 6 fr. 50. Poste, 7 fr. 25

Henry V, roi de France, par Henry de SAINT-LÉON. Brochure petit in-8°, 50 c. Poste, 60 c.

Henry de France, son passé, son présent, son avenir, par LE MÊME, avec la photographie d'Henri de France, 75 c. Poste, 90 c.

Au Peuple! aux habitants de nos campagnes, aux honnêtes gens de toutes les opinions. Brochure de 64 pages, 20 c. Poste, 35 c.

Sauvons la France! Souvenirs historiques d'un proscrit. De 1789 à 1871, quel serait le meilleur gouvernement si la République est impossible, par Auguste BOUCHAGE, avocat. Forte brochure in-8°, 75 c. Poste . . . . 95 c.